© Béatrice Valimard pour le texte et l'illustration
www.beatricevalimard.com

ISBN : 9782322209378

Loi n°49-956 du 16 juillet 1949 sur les publications destinées à la jeunesse, modifiée par la loi n°2011-525 du 17 mai 2011.

APAWI
petit soleil

Béatrice Valimard

Une histoire de Béatrice Valimard

Vers 1820 les tribus d'Indiens vivant dans la Grande Prairie s'appellent Blackfeet, Cheyennes, Comanches, Crows, Osages, Pawnees, Quapaws, Sioux…

Apawi vit dans les grandes plaines d'Amérique du Nord où abondent bisons et chevaux sauvages, dans la tribu des Lakotas Hunkpapas.

Son nom signifie « soleil » en langage Lakota et il en très fier.

Son village s'est implanté près du fleuve Mississipi, sur les rives de la Cheyenne River.

L'habitation des indiens des plaines est un « tipi » qui veut dire « utilisé pour vivre dedans ».

C'est une tente faite de peaux de bisons tendues sur de hautes perches de bois. Elle peut atteindre 9 mètres de hauteur et 15 mètres de diamètre.

Le tipi est toujours propre, chaud en hiver, frais en été, facile à déplacer.

Le jeu favori des petites filles Lakotas est d'apprendre à fabriquer un tipi.

Après une nuit bien au chaud sous la tente, Apawi rejoint et embrasse sa maman, levée depuis longtemps.

Elle lui sourit et lui dit, ainsi qu'elle le fait chaque jour :

« *Quand tu te lèves le matin, remercie pour la lumière du jour, pour ta vie et ta force.*
Remercie pour la nourriture et le bonheur de vivre ».

Elle a ranimé le feu, est allée chercher de l'eau à la rivière et a préparé le repas.

Ce matin, en plus de la viande bouillie, il y a des prunes sauvages et des noix. Apawi est content, il adore çà.

Il mange avec bon appétit tout ce que sa maman lui a cuisiné. Le second repas de la journée ne se fera qu'en fin d'après-midi.

Apawi a très envie de retrouver ses amis Yahto (qui veut dire « couleur bleue ») et Shunka (qui veut dire « petit cheval ») pour jouer et courir dans les hautes herbes.

Il pense aussi à son père qui doit rentrer bientôt de la chasse.

Alors il court vite à la rivière pour se laver et nager un peu.

Il nage comme un poisson.

Aujourd'hui les trois amis ont prévu de faire une partie de « shinny », sorte de hockey où les buts sont constitués de couvertures posées sur le sol.
Ils aiment les jeux d'adresse et particulièrement celui-ci.

On y joue avec des bâtons et une balle de bois recouverte de peau de daim. C'est Shunka qui a fabriqué la balle. Il est très habile. Il fait aussi des petites sculptures.

Ils iront ensuite se promener près de la rivière et observeront les animaux sauvages peuplant les hautes herbes de la prairie.

Il y a beaucoup de lièvres, de ratons laveurs et de petits daims.

Peut-être apercevront-ils un aigle royal là-haut dans le grand ciel bleu.

Apawi se souvient de la Légende de l'Aigle que lui a raconté plusieurs fois son père :

Quand la terre a été créée, un grand nuage d'orage apparut à l'horizon. Pendant que les éclairs illuminaient le ciel et que le tonnerre grondait, le nuage descendit vers la cime des arbres. Un aigle perché sur la plus haute branche pris la fuite à l'approche du nuage. Il se dirigea lentement vers le sol. En approchant de la terre, il y posa son pied et devint homme.

C'est pour cette raison que les Lakotas reconnaissent l'aigle comme un messager du créateur et comptent sur lui pour lui transmettre leurs actions.

Apawi est plein d'admiration et de respect pour ce magnifique oiseau.

Soudain Yahto fit sortir Apawi de sa rêverie.

Il venait d'apercevoir un groupe de chevaux au loin.

Ils comprirent très vite que les chasseurs étaient de retour.

Les trois enfants s'élancèrent vers les tipis en criant très fort :

« La chasse est finie ! La chasse est finie ! »

Alors toutes les femmes, les vieillards et les enfants
restés au village se pressent pour accueillir les cavaliers.
Apawi est heureux de retrouver son père.
La chasse a été bonne et la joie règne dans la tribu.

Un jour lui aussi ira chasser le bison.
Il ornera son cheval de plumes et de broderies en perles de verre.
Il galopera dans les grandes plaines à la poursuite du précieux gibier qui fait vivre son peuple.

Et c'est la fête au village des Lakotas Hunkpapas.
On passe la nuit à manger, à chanter et à danser.

Apawi et ses amis, rassasiés et heureux, s'endorment sous la lune brillante.
Une nouvelle journée les attend au pays des grands espaces et du vent.

Les indiens ont coutume de remercier la terre.
Ils « rendent grâces ».

Nous rendons grâces à notre mère, la terre, qui nous soutient.
Nous rendons grâces aux rivières et aux ruisseaux qui nous donnent l'eau.
Nous rendons grâces à l'animal ayant donné sa vie pour nourrir le chasseur et sa famille.
Nous rendons grâces à la lune et aux étoiles qui nous ont donné leur clarté après le départ du soleil.
Nous rendons grâces au soleil qui a regardé la terre d'un œil bienfaisant.

Déjà paru

2019

Florine chez les 3 ours

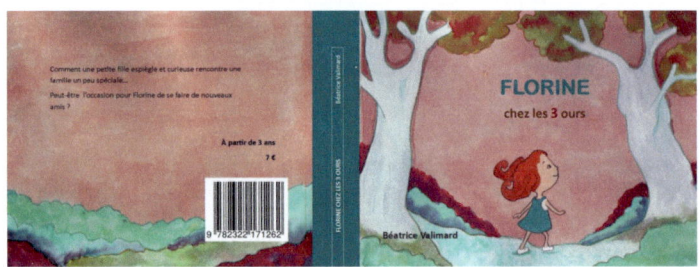

© 2020 Béatrice Valimard

Edition : BOD - Books on Demand

12/14 rond-point des Champs-Elysées 75008 PARIS

Impression : BOD - Books on Demand Nordersdt Allemagne

ISBN : 9782322209378

Dépôt légal : mai 2020